Lutherstadt Wittenberg

Ein Stadtspaziergang

Weltgeschichte atmen

Kunst genießen

Kultur erleben

Kunstverlag Josef Fink

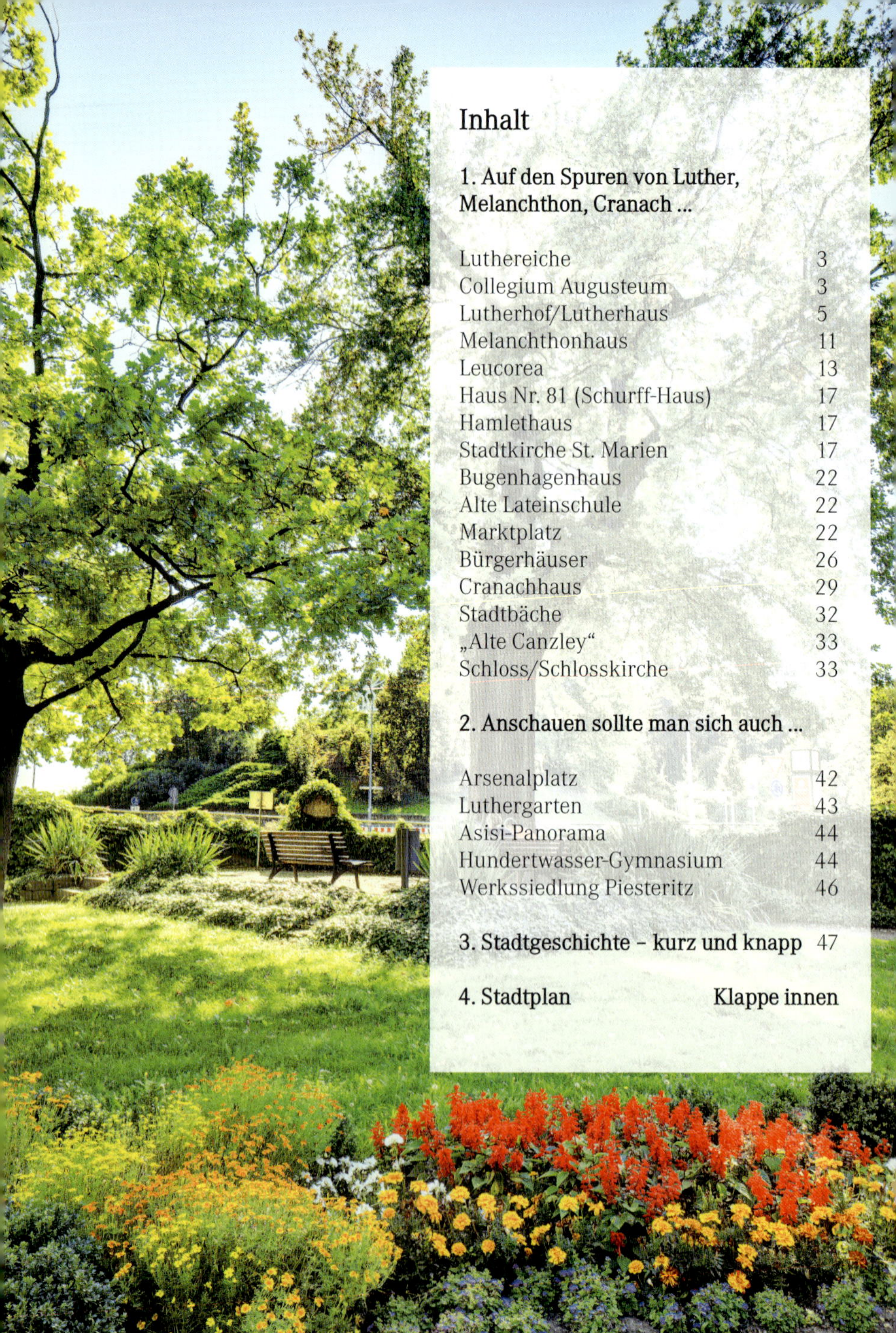

Inhalt

1. Auf den Spuren von Luther, Melanchthon, Cranach ...

– ein Stadtspaziergang von der Luthereiche zur Thesentür

Unser Stadtrundgang beginnt im Osten. Wir sind mit dem Zug am Hauptbahnhof Lutherstadt Wittenberg angekommen, dem zweiten „Grünen Bahnhof" Deutschlands, der Ende 2016 klimafreundlich nach modernsten ökologischen Standards entstanden ist, und begeben uns in Richtung Innenstadt. Die sichtbare geflügelte Schlange an der Promenade vom Hauptbahnhof erinnert uns daran, dass Wittenberg nicht nur Martin Luthers, sondern auch Lucas Cranachs Stadt war.

Dabei treffen wir auf die **Luthereiche.** Hier hat Martin Luther (1483–1546), der Initiator der Reformation, am 10. Dezember 1520 die Bannandrohungsbulle des Papstes Leo X. und Bücher des römischen Kirchenrechts unter dem Jubel von Studenten verbrannt. Zur Erinnerung daran wurde eine Eiche gepflanzt, die jedoch 1813 während der Befreiungskriege gegen Napoleon von französischen Soldaten zu Brennholz geschlagen wurde. 1830 erfolgte eine Neupflanzung, und seit 1925 befindet sich dort ein **Gedenkstein** mit einer kleinen Grünanlage. Auf der anderen Seite steht die Sedaneiche zur Erinnerung an die Schlacht von Sedan, die 1870 die letzte Etappe auf dem Weg zur Gründung des Deutschen Kaiserreichs einleitete. Gegenüber blicken wir auf den sogenannten „Bunkerberg", einen ehemaligen Luftschutzhochbunker aus dem Zweiten Weltkrieg, der 1946 gesprengt, zugeschüttet und begrünt wurde. Ein Aufstieg lohnt sich. Man hat von oben einen wunderbaren Blick auf den Osteingang der Lutherstadt und die Zufahrt vom Süden her über die Elbe mit der beeindruckenden modernen Straßen- und Eisenbahnbrücke. Außerdem lädt ab 2017 ein Wegenetz aus Stegen, in bleibender Erinnerung an die Weltausstellung Reformation, zum Innehalten und Meditieren ein.

Über den sich anschließenden wieder angelegten Universitätspark gelangen wir zum **Augusteum**. Das Collegium

Gedenkstein

Links: Luthereiche

Collegium Augusteum

Augusteum entstand unter dem sächsischen Kurfürsten August I. als letzter Bau für die in Wittenberg 1502 gegründete Universität. Während der Ostgiebel des Gebäudes als Schaugiebel mit einer Darstellung des Kurfürsten Friedrich dem III., dem Weisen, erst um 1900 nach einem Entwurf des Berliner Architekten Franz Schwechten gestaltet wurde, entstanden der Nord- und Westflügel zwischen 1580 und 1582 unter dem kursächsischen Landbaumeister Hans Irmisch. Im Ostteil des Augusteums befand sich ab 1598 die Universitätsbibliothek mit mittelalterlichen Handschriften, Büchern mit persönlichen Randnotizen von Martin Luther, dem Reformator Philipp Melanchthon (1497–1560) und rund 10 000 Disputationen/Dissertationen aus dem 17. Jh. Den Westteil beherbergte ab 1686 ein Anatomisches Theater und ab 1736 ein Anatomisches Museum. Nach der Auflösung der Wittenberger Universität zog 1817 das Evangelische Predigerseminar in das Augusteum ein. Hier wurden bis 2012 evangelische Pfarrer/-innen auf ihren deutschlandweiten Einsatz praktisch vorbereitet.

Eine Reformationsgeschichtliche Forschungsbibliothek als auch das Predigerseminar befinden sich heute im ehemaligen Schloss bzw. Neubau am Ende der Stadt. Seit 2015 wird das Augusteum für Sonderausstellungen genutzt. Der **Durchgang zum Lutherhof** lässt uns Geschichte atmen: An der Decke erkennt man Martin Luthers berühmtes Wappen, die Lutherrose; darunter ist ein mutiger Satz von ihm zitiert: „Ich hab einmal des Papstes Dekret allhier zu Wittenberg verbrannt und ich wollt's wohl noch einmal verbrennen." Dies ist ein Hinweis auf die Verbrennung der Bannandrohungsbulle 1520. Letztlich Hoffnung gebend, lesen wir seine Äußerung: „Niemand lasse den Glauben daran fahren, dass Gott an ihm eine große Tat will." Jetzt stehen wir auf dem berühmtesten Hof Wittenbergs – dem Lutherhof. Vor uns befindet sich das **Lutherhaus** ab 1504 als Augustinereremitenkloster errichtet und nach den schwarzen Kutten der Augustinermönche auch „Schwarzes Kloster" genannt. Martin Luther kam 1508 hierher, um Vorlesungen über Moralphilosophie zu halten und gleichzeitig sein Theologiestudium fortzusetzen. Reisen in Ordensangelegenheiten nach Erfurt und Rom führten ihn 1511 endgültig nach Wittenberg zurück, wo er schließlich 1512 zum Doktor der Theologie promovierte. Im Anschluss erhielt er die Professur für Bibelauslegung. Bei seinen Studien gewann Martin Luther die Erkenntnis, dass der Mensch nur durch den Glauben an Gott und durch dessen Gnade von seinen Sünden erlöst werde und nicht durch den Kauf von Ablassbriefen – sie sollten den Gläubigen einen Erlass zeitlicher Sündenstrafen im Fegefeuer für sie oder für bereits gestorbene Angehörige bescheinigen.

Collegium Augusteum mit Durchgang

In seinen 95 Thesen, die er am 31. Oktober 1517 öffentlich machte, kritisierte er die gängige Ablasspraxis der Römisch-Katholischen Kirche und stieß damit einen Reformprozess an, der letztlich zur Gründung einer neuen, der Evangelischen Kirche führte. Durch die Reformation wurden unter anderem Klöster aufgelöst, so auch 1522 das Augustinerkloster in Wittenberg. Luther blieb als Angestellter der Universität, und drei Jahre später, im Juni 1525, heiratete er die aus dem Kloster Nimbschen geflohene Nonne Katharina von Bora (1499-1552). Das feiern die Wittenberger alljährlich mit vielen Gästen aus Nah und Fern als „Luthers Hochzeit". Luther und seine Frau bewohnten zunächst die mittlere Etage. 1532 bekamen sie das ganze Haus vom Kurfürsten geschenkt. Im Obergeschoss betrieb Katharina eine Burse, wo Studenten wohnten und für Kost und Logis zahlten, sodass sie damit genauso viel einnahm wie ihr Martin mit seinem Professorengehalt. Katharina steht seit 1999 als **Bronzestatue** vor dem Lutherhaus. Luther nannte sie oft „mein Herr Käthe" . Gebildet, tüchtig und äußerst sparsam, mehrte sie das Vermögen der Familie und fiel damit „aus dem Rahmen" des damaligen Frauenbildes.

Das nach ihr benannte **Katharinenportal,** 1540 aus Elbsandstein errichtet, soll sie ihrem Mann übrigens nicht zu seinem 57. Geburtstag geschenkt haben, wie oft erzählt wird. Vielmehr gab Luther selbst den Auftrag dafür. Im Stil der Renaissance gestaltet, laden die Sitznischen zum Verweilen ein. Die schützenden Baldachine zeigen Luther mit dem Doktorhut und sein Wappen, die oben bereits erwähnte Lutherrose. An der spätgotischen Spitze kann man die Zahl 1540 lesen.

Katharina von Bora, Bronzestatue vor dem Lutherhaus

Luthers Wohnhaus wurde durch seine Söhne 1564 an die Universität verkauft und vervollständigte damit den Gebäudekomplex des Collegium Augusteum. Schon im 17. Jh. wurde die Lutherstube als „Museum Lutheri" Gästen gezeigt, 1712 sogar dem russischen Zaren Peter I., der sein Monogramm in der Tür hinterließ. 1760, während des Siebenjährigen Krieges, und 1813, während der Befreiungskriege gegen Napoleon, nutzte

Katharinenportal am Lutherhaus

man das Haus als Lazarett. Zwischen 1844 und 1877 wurde es unter dem preußischen Baumeister Friedrich August Stüler saniert. Zum 400. Geburtstag des großen Reformators weihte der preußische Kronprinz Friedrich Wilhelm die „Lutherhalle" 1883 als Museum ein.

Nach der Schließung im Jahr 1980, notwendig geworden durch eine umfangreiche Restaurierung, wurde das Lutherhaus 1983 als größtes reformationsgeschichtliches Museum der Welt wiedereröffnet. Im Refektorium kann man die 1516 entstandene **10-Gebote-Tafel** aus der Cranach-Werkstatt auf sich wirken lassen – früher schmückte sie die Gerichtsstube im Alten Rathaus. Seit 2003 präsentiert die Lutherhalle als „LUTHERHAUS" eine neue Dauerausstellung. 2004 legte man an der Südseite des Lutherhauses Reste eines Klosteranbaus vom Beginn des 16. Jh.s frei, der wohl als Arbeitsstätte von Martin Luther genutzt worden ist. Auch das „stille Örtchen" fand man, das sensationell in den USA als „Lutherklo" vermarktet wurde.

Im März 2017 wurde das Lutherhaus als Museum nach halbjähriger Schließung wieder für Besucher aus aller Welt geöffnet. Die Hauptausstellung präsentiert sich höchst interessant und umfangreich mit vielen Originalen. Im Erdgeschoss beginnt der biographische Rundgang, der Luthers Ankunft in Wittenberg und seinen Weg zur Kritik am gängigen Ablasshandel mittels der 95 Thesen zeigt. Hier sind die originale Lutherkanzel, ein

10-Gebote-Tafel im Lutherhaus

Druck der 95 Thesen, eine Ablasstruhe und Ablassbriefe zu sehen.
Die erste Etage zeigt die Etappen bis zum Reichstag in Worms, 1521 (hier sollte Martin Luther vor Kaiser Karl dem V. und den Vertretern der Reichsstände alle seine Schriften widerrufen), die Lutherkutte und die Septemberbibel mit Holzschnitten von Lucas Cranach dem Älteren (1522). In der ursprünglichen neogotischen Gestaltung von Stüler lässt sich seit 1983 der **Große Hörsaal** bewundern. Die große Wirkung Martin Luthers als Professor an der Wittenberger Universität kann man am Katheder ermessen, das allerdings aus dem 17. Jh. stammt. Das Schlafzimmer mit dem **Ehebildnis von Martin und Katharina** von 1528, der Hochzeitspokal, von der Universität gestiftet, sowie die Geldkassette der Katharina erinnern daran, dass Luther nicht nur Gelehrter, sondern auch Ehemann und Vater war.
In der **Lutherstube** mit den Butzenscheibenfenstern und dem großen Kastentisch, an dem vermutlich Martin seine berühmten Tischreden hielt und Katharina zuhören durfte, wird Geschichte lebendig. Die Lutherbibel, als Gesamtausgabe in deutscher Sprache 1534 in Wittenberg gedruckt, sowie Cranachs Gemälde „Gesetz und Gnade“, das den alten und neuen Glauben gegenüberstellt, bilden den Abschluss des biographischen Rundganges.
Das Lutherhaus, seit 2022 Luthermuseum genannt, schließt ab November 2023 bis voraussichtlich Mai 2025 für

Großer Hörsaal im Lutherhaus

Ehebildnis von Martin Luther und Katharina von Bora im Lutherhaus, 1528

eine energetische Sanierung und die Umsetzung einer neuen Hauptausstellung.
Highlights aus dem Luthermuseum können die Gäste in dieser Zeit in einer Interimsausstellung im Augusteum bestaunen.
Wir verlassen das Lutherhaus, das seit 1996 zum Weltkulturerbe der UNESCO gehört und erfrischen uns am Röhrwasserbrunnen aus dem 16. Jh. Den Fortgang der Zeit verdeutlichen der gläserne Verbinder von 2014 im Osten, der den Zugang zu den Sonderausstellungen ermöglicht, und der Ende des 19. Jh. von Friedrich August Stüler im Westen angelegte Wandelgang. Das jüngste Denkmal im Lutherhof erinnert an die Aktion der Friedensbewegung auf dem

Lutherstube im Lutherhaus

Evangelischen Kirchentag 1983, wo ein Schwert zur Pflugschar auf dem Lutherhof umgeschmiedet wurde, im Beisein von 2000 Menschen, trotz Überwachung durch die Staatssicherheit.
Auf dem Weg in die Stadt gelangen wir sehr bald zu einem der schönsten Bürgerhäuser Wittenbergs, zum **Melanchthonhaus.** Philipp Melanchthon, eigentlich Schwarzerdt (ins Altgriechische übersetzte den Namen sein Mentor Johannes Reuchlin) wurde 1497 in Bretten geboren. Er begann schon sehr früh eine wissenschaftliche Laufbahn, die ihn mit 13 Jahren als Student nach Heidelberg und mit 17 Jahren als Magister an die Universität nach Tübingen brachte. Sein besonders intensives Studium des Griechischen führte ihn im

Melanchthonhaus

Studier- und Sterbezimmer Melanchthons im Melanchthonhaus

Alter von 21 Jahren nach Wittenberg, wo er zum Professor für Griechisch an der 1502 neugegründeten Universität berufen wurde. Um ihn an Wittenberg zu binden, schenkten der Kurfürst und die Universität Philipp Melanchthon das 1536–1539 gebaute Wohnhaus, in dem er mit seiner Familie bis zu seinem Tod 1560 wohnte, lebte und wirkte.
Durch das neue Ausstellungsgebäude von 2013 betreten wir das historische Haus. Im Erdgeschoss können wir Melanchthons Weg nach Wittenberg nachvollziehen, die einfache Kleidung des nur 1,52 Meter großen Mannes betrachten, und wir erfahren, dass er viel Gemüse und Fisch aß – heute wäre Melanchthon wohl Vegetarier. An einer nachgearbeiteten Speisetafel erleben wir ihn als „Außenminister der Reformation". An seinem Tisch saßen oft Gäste, die aus vielen verschiedenen Ländern Europas kamen. Manchmal wurden elf verschiedene Sprachen dabei gesprochen. Die Verständigung untereinander erfolgte allerdings in Latein. Im ersten Obergeschoss stellt sich die Familie Melanchthon vor. Seine Eheschließung mit Katharina Krapp bezeichnete er selbst als „Tag der Trübsale", denn er fürchtete nun um das Ende seiner Ruhe, in der er wissenschaftlich arbeiten konnte.
Das **Studier- und Sterbezimmer,** eingerichtet überwiegend im Stil des preußischen Historismus, bringt uns den zweiten berühmten Reformator neben Martin Luther sehr nahe. In den weiteren Räumen lernt man Philipp Melanchthon

als Universalgelehrten kennen, der sich auch mit Anatomie, Botanik, Astrologie, Poesie, Geschichte und Kunst beschäftigte. Mehr als 2000 Bücher, 9500 Briefe und Empfehlungsschreiben stammen von ihm. Frömmigkeit und Gelehrsamkeit vermittelte er den Studenten, die zum Teil auch bei ihm wohnten. Berühmt ist seine Antrittsrede vom August 1518 in der Schlosskirche zu Wittenberg über die dringend notwendigen Reformen der Studien. Melanchthon schrieb die erste Schulgrammatik, die in ganz Europa verwendet wurde. Er gründete 1526 das erste humanistische Gymnasium in Nürnberg und erhielt die Ehrenbezeichnung „Lehrer Deutschlands" („Praeceptor Germaniae"). Als Humanist und Reformator erarbeitete Philipp Melanchthon 1530 die berühmte „Confessio Augustana" (CA), auch bezeichnet als Augsburger Bekenntnis (A. B.) oder Augsburger Konfession – sie ist noch heute Grundlage für die evangelischen Kirchen. An der Seite von Martin Luther, mit dem er freundschaftlich verbunden war, zeichnete sich Melanchthon vor allem als Vater der Ökumene und Diplomatie aus, der den Ausgleich zwischen katholischer und evangelischer Kirche suchte.

Im angrenzenden, 2016 eingeweihten Hausgarten sollte man zum Abschluss Ruhe und Kraft für den weiteren Stadtrundgang auf der historischen Meile tanken. Am Röhrwasserbrünnlein können wir uns erfrischen. Die Heilpflanzen in den Hochbeeten, die Melanchthon bei Krankheiten selbst verwendete, erläutern Schautafeln. Ins 16. Jh. versetzen uns der Rest der alten Stadtmauer im Süden, die sanierte westliche Abgrenzung zur ehemaligen Universität, zu der Melanchthon als Professor durch eine Pforte direkten Zugang hatte, sowie die Wiese mit der alten Eibe, unter der er wohl einst an einem großen Steintisch mit seinen Studenten saß.

Von Melanchthons Haus aus begeben wir uns zur ehemaligen Universität, der **Leucorea,** (griechisch: weißer Berg), durch ein reich verziertes **Renaissanceportal**. Kurfürst Friedrich III., der Weise, gründete 1502 die landesherrliche Universität. Die Leucorea wurde in der ersten Hälfte des 16. Jh.s zur meistbesuchten Hochschule in Europa – als Luther und Melanchthon hier lehrten. Die Studenten kamen von nah und fern, so dass es manchmal mehr Studenten als Einwohner in Wittenberg gab.

Studieren konnte man an vier Fakultäten, die als steinerne Stelen an einem Brunnen im **Hof der Leucorea** dargestellt sind: der Artistischen Fakultät, die zunächst alle Studenten absolvieren mussten, der Theologischen, der Juristischen und der Medizinischen Fakultät. Vorlesungen und Seminare fanden im Alten Collegium ab 1503 (Südflügel) und im Neuen Collegium ab 1509 (Nordflügel) statt. Beide entstanden unter

Hof der Leucorea

dem Baumeister Konrad Pflüger. Am Ost- und Südflügel erinnern Tafeln an berühmte Lehrer und Studenten, die am „Haus der Weisheit“ mitbauten, darunter Giordano Bruno (italienischer Philosoph), Nikolaus von Amsdorf (Rektor der Universität), Michael Agricola (finnischer Reformator) oder Anton Wilhelm Amo (erster schwarzer Philosoph in Europa). Im Boden eingelassene Platten erinnern an die ältesten Universitäten im Heiligen Römischen Reich Deutscher Nation.

Nach dem Wiener Kongress (1814 bis 1815) kam das sächsische Wittenberg an das Königreich Preußen und verlor seine autonome Universität, die mit der Friedrichs-Universität in Halle zusammengelegt wurde. 1933 erhielt die vereinigte Hochschule den Namen Martin-Luther-Universität Halle-Wittenberg. Zwischen 1830 und 1918 wurden die Gebäude zur Kaserne umgebaut. Danach entstanden Wohnräume. 1994–1998 erfolgte eine umfangreiche Sanierung der ehemaligen Collegien. Sie beherbergen heute verschiedene wissenschaftliche Institutionen und werden für Tagungen und Veranstaltungen genutzt.

Wir bleiben auf der Collegienstraße und passieren auf unserem Weg zum Markt schöne Bürgerhäuser mit Fassaden aus der Renaissance, dem Jugendstil oder der Gründerzeit. Im **Haus Nummer 81** wohnte u.a. Hieronymus Schurff, der Rechtsbeistand Martin Luthers auf dem Reichstag zu Worms. Sein Bruder Augustin Schurff durfte als erster Mediziner im Beisein von Theologen einen menschlichen Kopf sezieren, was einer Sensation gleichkam. Im Innenhof kann man den Atem des 16. Jh.s spüren. Das erste Obergeschoss des Hauses birgt Deckengemälde des Wittenberger Barockkünstlers Michael Adolf Siebenhaar (1691–1751), entstanden um 1740. Ein Stück weiter, Collegienstraße 12, beeindruckt ein erhöhter neogotischer Staffelgiebel mit Turm am sogenannten **Hamlethaus.** Shakespeare lässt seinen dänischen Prinzen Hamlet um 1200 an der sogenannten Hohen Schul zu Wittenberg studieren und in diesem Haus wohnen. Im 16. Jh. befand sich hier die Mercuriusburse, in der vermutlich der in Wittenberg im Exil befindliche dänische

Haus Nr. 81 (Wohnhaus der Gebrüder Schurff)

Renaissanceportal an der Leucorea

Hamlethaus

König Christian II. lebte. So umgibt dieses Haus, das nach einem Brand erst 1904 sein heutiges Aussehen erhielt, eine Legende.

Von dort gelangen wir zu einem idyllischen Winkel, dem **Holzmarkt.** Hier hatten die Holzhändler ihren Markt, hier wurden Mai- und Weihnachtsbäume verkauft. Ein Brunnen aus dem 16. Jh. versorgte die Bewohner ringsum mit Wasser. Verschiedene Gaststätten und Cafés laden heute zum Verweilen ein. An einem angrenzenden Eckhaus erinnert eine Tafel daran, dass Gotthold Ephraim Lessing, der bedeutende Dichter der deutschen Aufklärung, sich mehrfach in Wittenberg aufhielt und hier schließlich sogar einen Magistergrad in Poesie erwarb. Kurz vor dem Marktplatz treffen wir auf das Paul-Gerhardt-Haus. Dort wohnte der Theologe und Liederdichter (1607 - 1676) als Hauslehrer, um sein Studium in Wittenberg zu finanzieren. Nach ihm ist das evangelische Krankenhaus in Wittenberg benannt.

Ein schmaler Durchgang führt uns vom Markt zum ältesten Bauwerk Wittenbergs, der **Stadtkirche St. Marien.** Sie wird auch als Mutterkirche der Reformation bezeichnet. Martin Luther hat hier ab 1514 mehr als 2000 Predigten gehalten. Er ist dort mit Katharina von Bora am 27. Juni 1525 durch Johannes Bugenhagen getraut worden. Schließlich fand in dieser Kirche im Dezember 1521 der erste evangelische Gottesdienst statt. Die Predigt erfolgte in Deutsch, die Gemeinde sang in Deutsch, Brot und Wein wurden allen Mitgliedern der Kirchengemeinde gereicht (Heiliges Abendmahl).

Als zweischiffige gotische Kapelle zwischen 1281 und 1283 gebaut, um 1400 zur dreischiffigen spätgotischen Hallenkirche erweitert, wurde das Gotteshaus 1439 der heiligen Maria geweiht. Während des Schmalkaldischen Krieges (1546/1547) wurden die Turmspitzen abgetragen, um auf den Plattformen der Türme Kanonen aufzustellen. Erst zehn Jahre später hat der Rat der Stadt Wittenberg die Kirchtürme wieder vervollständigen lassen, eine Türmerwohnung eingerichtet, eine Uhr eingebaut und sogenannte Welsche Hauben (barocke

Holzmarkt mit Brunnen

TRATTO

Turmhauben) aufsetzen lassen. Der Baumeister Binder aus Zerbst stürzte dabei übrigens zu Tode. Die Turmspitzen blieben bis vor wenigen Jahren städtisches Eigentum – ein Kuriosum. In einem der vergoldeten Turmknaufe fand man die älteste Stadtgeschichte Wittenbergs, 1556 von Philipp Melanchthon verfasst. Die Türmerwohnung wurde bis 1945 genutzt und ist heute bei besonderen Anlässen öffentlich zugänglich. 1570 erfolgte die Aufstockung der **Nord-**

Stadtkirche, Nordseite mit Wendelstein

seite der Kirche, die Erhöhung der Sakristei und der Einbau eines Wendelsteins, 1655 der Bau einer steinernen Brücke zwischen den Türmen.
1782/1783 wurde der Gottesacker um die Stadtkirche geschlossen. Einige Grabplatten an der Süd- und Ostseite erinnern noch an diesen Friedhof. 1811 wurde die Innenausstattung der Kirche vom Baumeister Carlo Pozzi aus Dessau neogotisch erneuert. Eine Restaurierung der Kirche im Jahr 1928 brachte unter anderem eine Neurahmung des Altars und eine Erweiterung des Orgelprospekts. Zum 500. Geburtstag von Martin Luther erhielt die Stadtkirche 1983 einen hellen Außenputz und eine neue Sauer-Orgel. 1997 wurde der Sakralbau als Weltkulturerbe anerkannt. Von 2010 bis 2015 erfolgte eine Generalsanierung der Stadtkirche.
Das Nordportal schmückt seit 1930 die Lutherrose mit Luthers Leitmotiv „Des Christen Herz auf Rosen geht, wenn's mitten unterm Kreuze steht". Das spätgotische **Westportal der Stadtkirche** mit der Rosette und der Marienfigur (um 1400) ist ein bedeutendes Zeugnis mittelalterlicher Baukunst. Durch das Südportal mit der Sonnenuhr von 1410 betreten wir das Innere, die Kirche Luthers, Cranachs und der Wittenberger Bürger.

Westportal der Stadtkirche

Da die Innenausstattung im 19. und 20. Jh. verändert wurde, wirken vor allem im Altarraum die Geschichte und Lebenswelt des 16. Jh.s auf uns. Im Mittelpunkt steht der **Reformationsaltar**, 1547/1548 von Lucas Cranach dem Älteren, seinem Sohn Lucas Cranach dem Jüngeren und ihrer Werkstatt geschaffen. Er zeigt das Bildprogramm des neuen evangelischen Glaubens. Auf der linken Tafel erscheinen Philipp Melanchthon als Täufer und Lucas Cranach, der ihm als Pate helfend zur Seite steht. Die mittlere Tafel zeigt das Letzte Abendmahl, also Jesus Christus mit den zwölf Jüngern. Dargestellt sind hier unter anderem der Drucker Hans Lufft, der 1534 die Gesamtausgabe der Bibel in deutscher Sprache in Wittenberg editierte, und Martin Luther selbst als Jun-

ker Jörg. Die rechte Tafel veranschaulicht die Beichte mit Johannes Bugenhagen als Beichtvater. Zwar ist die Beichte auch im neuen Glauben wichtig, aber sie ist, anders als im katholischen Glauben, kein Sakrament.
Die Predella (Sockel) stellt die Predigt, das Wort Gottes in den Mittelpunkt. Unter der Gemeinde, die Luther zuhört, sind Cranach der Ältere mit weißem Bart und Katharina von Bora mit dem ältesten Sohn Johannes im roten Gewand auszumachen. Im Altarraum beachtenswert künstlerisch herausragende Epitaphien für bedeutende Wittenberger Bürger, unter anderem „Der Weinberg des Herrn“, 1569 von Lucas Cranach dem Jüngeren für den Theologie-Professor Paulus Eber (1511–1569) geschaffen.
Beim Übergang zum Kirchenschiff ist hervorzuheben das Taufbecken des Nürnberger Bildhauers Hermann Vischer der Ältere, 1457 aus Messing gearbeitet; in diesem Becken wurden auch Luthers Kinder getauft. Anstelle der hölzernen Originalkanzel von 1500, die sich im Lutherhaus befindet, kann man Lutherzitate als Lichtinstallation an der Säule gegenüber der Pozzi-Kanzel lesen.
Es wird Zeit, den Rundgang fortzusetzen. Auf dem Kirchplatz ist auffallend die Fronleichnamskapelle, im 15. Jh. im Stil der Backsteingotik errichtet. Bis 1772 wurden hier Begräbnisgottesdienste abgehalten. Später diente die Kapelle als Heimatmuseum, und heute wird sie wieder für kirchliche Zwecke genutzt. An ihrer Nordwand zeigen zwei Sandsteinepitaphe den 1569 verstorbenen Buchhändler Bartholomäus Vogel mit seiner Frau. An der südöstlichen Kirchenwand stoßen wir auf ein Schandmal

Sandsteinrelief der sogenannten „Judensau“ an der Stadtkirche

unserer Geschichte, ein Sandsteinrelief aus der Zeit um 1300, die **„Judensau“**. Das Schmäh- und Spottbild wurde im Zusammenhang mit einer Judenvertreibung angebracht. Mit einer Kippa als Juden gekennzeichnete Kinder sind am Hinterteil einer Sau beziehungsweise saugend zu sehen, was eine ungeheure Demütigung bedeutet, denn das Schwein gilt bei den Juden als unreines Tier. Die Hebräische Inschrift „Rabini Schem Ha Mphoras“ steht für den Namen Gottes. Zum Gedenken an die Reichspogromnacht von 1938 wurde im

Reformationsaltar in der Stadtkirche

Gedenkplatte zur sogenannten „Judensau“

Bugenhagenhaus

November 1988 eine **Gedenkplatte** in den Boden eingelassen, die an die Ermordung von sechs Millionen Juden in der NS-Zeit erinnert. Daneben pflanzte die Kirchengemeinde eine Zeder als Symbol für das Leben. Darüber hinaus erinnern die seit 2009 in der Stadt verlegten „Stolpersteine“ des Kölner Bildhauers Gunter Demnig an das Schicksal jüdischer Mitbürger in Wittenberg.

Auf dem Kirchplatz 9 finden wir das **Bugenhagenhaus**, das älteste evangelische Pfarrhaus der Welt. Johannes Bugenhagen (1485–1558), der 1521 nach Wittenberg zum Theologiestudium kam, wurde 1523 der erste von der Gemeinde gewählte Stadtpfarrer. Da er aus Pommern (Wollin) stammte, nannte man ihn auch Dr. Pommer oder Pomeranus. Er gründete mit Martin Luther die erste Mädchenschule in Wittenberg, übersetzte die Lutherbibel ins Plattdeutsche und trug die Ideen der Reformation vor allem in die skandinavischen Länder, wo er noch heute sehr verehrt wird. Ein Denkmal auf dem Markt hat er nicht erhalten, stattdessen 1894 eine Büste mit Sockel, geschaffen vom Berliner Bildhauer Gerhard Janensch.

In der Nachbarschaft treffen wir auf die **Alte Lateinschule** von 1564, die ab 1828 als erstes Gymnasium in Wittenberg genutzt wurde. Lateinkenntnisse erwarben hier unter anderen der spätere Astronom Johann Gottfried Galle, der den Neptun entdeckte, oder der Dichter Simon Dach, von dem der Liedtext zu „Ännchen von Tharau ist‘s, die mir gefällt...“ stammt. Nach einer umfangreichen Sanierung wird das Gebäude heute als internationales Kommunikations- und Begegnungszentrum Lutherischer Kirchen genutzt.

Unser Weg führt uns nun zum historischen Kern der Lutherstadt, zum **Marktplatz.** Dieser war im Mittelalter Ort der

Geselligkeit, denn die Fürsten veranstalteten hier Ritterturniere und Jagden. Gesetze wurden hier öffentlich verkündet und Gerichtsurteile unter anderen auf dem Schafott vor dem Rathaus vollstreckt. Die letzte öffentliche Hinrichtung erfolgte 1728 an Susanne Zimmermann, die ihren ersten Ehemann und vier Stiefkinder vergiftet hatte. Das wurde zum Volksfest, da es das Fernsehen ja noch nicht gab. Vier große Quadersteine erinnern noch heute an den Standort des Schafotts.
Das Rathaus, ein Repräsentativbau des erstarkten Bürgertums, im Wesentlichen 1523–1535 entstanden, diente in der Vergangenheit als Kaufhaus, Hochzeits-und Festtagshaus, Verwaltungszentrum und Gericht. Im Keller gab es Gefängnisräume. Im Erdgeschoss befand sich eine Ratsschänke, in der auch Martin Luther manchmal Bier oder Wein getrunken haben soll – nicht immer hat er dafür bezahlt. Da er aber sehr berühmt war, kam der Rat für die Zeche auf, „... damit man ihn nit mahnen musste", wie der Stadtkämmerer schrieb. Auf dem Dachboden hatte man einen großen Kornspeicher als Vorrat für Notzeiten angelegt. Das wussten auch die Mäuse. Um dieser Plage Herr zu werden, baute ein Wittenberger den „Katzenstein" unten an die Rathaustür, durch den Katzen nachts ins Rathaus schlüpften und die Mäuse vertrieben oder fraßen. Während die Vorhangbogenfenster noch im Stil der Gotik erscheinen, stellen die Dachziergiebel die Baukunst der Renaissance dar.
Die Nichtmittigkeit des 1570–1573 entstandenen Portals, das den alten Arkadengang ablöste, ist ein typisches Merkmal der deutschen Renaissance. Vom Altan schaut Justitia mit dem Schwert und der Waage auf die Wittenberger und verspricht Gerechtigkeit. Das Rathaus wurde mehrfach umgebaut und saniert. 1928, nach dem größten inneren Umbau, erfolgte die Einweihung zum modernen Verwaltungszentrum. Heute wird das Rathaus für Trauungen, Ratssitzungen, Festveranstaltungen, Ausstellungen und als Sitz von Vereinen genutzt.
Westlich vom Rathaus befindet sich der Marktbrunnen mit dem Stadtwappen, eine öffentliche Wasserstelle für die Wittenberger aus dem Jahre 1617. Er wurde 2016 ab- und 2017 völlig neu, nach historischem Vorbild, wieder aufgebaut.
Die beiden berühmten Professoren Luther und Melanchthon schauen auf uns. Martin, etwas korpulent, steht mit der Bibel in der Hand, die er aus der hebräischen (Altes Testament) beziehungsweise griechischen Sprache (Neues Testament) ins Deutsche übersetzte. Und da-

Alte Lateinschule

S. 24/25: Marktplatz

Bürgerhaus, Markt 23

bei hat Luther „dem Volk aufs Maul geschaut“. Das Denkmal, geschaffen vom bedeutenden klassizistischen Bildhauer Johann Gottfried Schadow (Sockel und Baldachin beruhen auf einem Entwurf von Karl Friedrich Schinkel), wurde am 31. Oktober 1821 enthüllt. Daneben Philipp, kleiner, schmächtig, präsentiert sein Hauptwerk, die Augsburger Konfession. Das ihm gewidmete Denkmal, entworfen von dem Berliner Bildhauer Friedrich Drake (Baldachin von Johann Heinrich Strack), wurde 1865 eingeweiht. Die Baldachine der beiden Denkmale mussten 1966/1967 wegen starker Verwitterung nachgegossen werden. 2010 erfolgten ein Abbau und eine umfassende Restaurierung beider Denkmale. Die ursprünglichen Schutzgitter waren bereits 1927 entfernt worden. Ein Aufschrei der Empörung erfolgte, als 2010 immerhin 800 rote, grüne, schwarze und blaue Lutherfiguren aus Kunststoff auf dem Marktplatz standen. Der Künstler Ottmar Hörl hatte sie als „Lutherbotschafter“ geschaffen, doch viele glaubten „Lutherzwerge“ zu sehen. Heute begegnen uns diese Lutherfiguren in Museen und öffentlichen Einrichtungen.

Reich geschmückte Bürgerhäuser zieren den Marktplatz: zum Beispiel **Markt 23**, einst im Besitz der Familie Cranach, Markt 25, heute Ausstellungszentrum der Stickstoffwerke Piesteritz, **Markt 22**, einst Hotel „Zur Goldenen Weintraube“, in dem Napoleon übernachtete, Markt 6, mit einer Hofanlage aus dem 16. Jh.,

Ehem. Hotel „Zur Goldenen Weintraube", Markt 22

Beyerhof, Markt 6

Clack-Theater, Markt 9

Tonnengewölben, Laubengängen, einem Wendelstein und einer Darstellung des Wittenberger Kurfürsten Johann der Beständige. Das Bürgerhaus Markt 6 gehörte dem kurfürstlichen Kanzler Christian Beyer und wird deshalb auch **Beyerhaus/hof** genannt (dient heute als Brauerei und Gasthaus). Das Jugendstil-Bürgerhaus Markt 9 beeindruckt mit Schmuckgiebel, Erker und Loggia ebenso wie das Haus Markt 1 mit Stufengiebel, Turm und Schmuckelementen; in ihm befindet sich heute das **Clack-Theater**. **Neben Martin Luther und Philipp Melanchthon prägte vor allem der Künstler Lucas Cranach der Ältere** unsere Stadt. Als Hofmaler des Kurfürsten Friedrich des Weisen kam er 1505 nach Wittenberg, wohnte zunächst im Schloss und kaufte 1511 nach seiner Hochzeit mit der Gothaer Ratsherrentochter Barbara Brengebier zwei große Steinhäuser am Markt. Vor seinem Haus **Markt 4** erblicken wir sein Wappen, das der Kurfürst ihm bereits 1508 verlieh, eine Schlange mit Flügeln und seinen Initialen LC. Damit signierte er seine Werke, von denen es heute noch etwa 1000 weltweit gibt (einschließlich Arbeiten der Werkstatt). Hier wurde die Septemberbibel (Neues Testament in deutscher Sprache) 1522 von Melchior Lotter gedruckt, im Auftrag und mit Holzschnitten von Lucas Cranach dem Älteren. Cranach schuf Gemälde, Holzschnitte und Kupferstiche. Er entwarf Wappen, Dekorationen für Schlösser und schuf zahllose Porträts, nicht nur von Fürsten, vor allem aber auch von Martin Luther. Damit gab er der Reformation ein Gesicht. Cranachs Welt, sein Leben und Schaffen können wir in der Dauerausstellung am Markt erkunden. Der Hof bietet eine schöne Renaissanceanlage mit kleinen Künstlerateliers und einem Café. Cranach bestimmte als Ratsherr und mehrmaliger Bürgermeister auch die Entwicklung der Stadt. Er erwarb Grundstücke, forcierte die Bautätigkeit in Wittenberg und richtete im Haus **Schlossstraße 1,** das er 1517 erwarb, eine Malerwerkstatt ein. Hier betrieb er eine Apotheke, wo die Wittenberger Gewürze, Zucker, Konfekt, Farben und Süßwein kaufen konnten. Die Preise waren jedoch so hoch, dass die Frau von Melanchthon in ihrer Not einen eigenen Gewürzgar-

Cranachhaus, Markt 4

Cranachhaus, Schlossstraße 1, Trinkwasserbrunnen

ten anlegte. Lucas Cranach sitzt auf seinem Hof und malt Martin Luther. Der Bildhauer Frijo Müller-Belecke (1932–2008) schuf diese Bronzefigur 2005.
Die historische Druckerstube erinnert heute an Cranachs Tätigkeit als Drucker und Verleger. Eine Malschule für Kinder und die Cranach-Herberge finden ebenfalls im Haus Platz.
Bevor wir Cranachs Besitz verlassen, sollten wir uns unbedingt am „Alten Jungfernröhrwasser“ laben. Es fließt aus einem privaten **Trinkwasserbrunnen aus dem 16. Jh.**, der Lucas Cranach dem Jüngeren (1515–1586) gehörte. Dieser war wie sein Vater als Maler, Ratsherr und Bürgermeister Jahrzehnte in Wittenberg tätig und übernahm erfolgreich dessen Erbe.
In welchem erbärmlichen Zustand sich das Gebäude zu DDR-Zeiten befand, zeigt das große **Wandfoto.** Die gelungene Sanierung beider Cranachhäuser und Höfe weist auf den großartigen Erfolg der im Herbst 1989 gegründeten Bürgerinitiative, der späteren Cranach-Stiftung, hin. Ein Antrag für die Aufnahme in die Weltkulturerbeliste der UNESCO ist gestellt worden.
Wir setzen unseren Spaziergang auf der historischen Meile in Richtung Schlosskirche fort. In der Schlossstraße 2, dem heutigen Stadthotel „Schwarzer Bär“, befand sich einst einer der ältesten Gasthöfe, von dem aus die Wittenberger und ihre Gäste zwischen 1888 und 1921 mit einer Pferdebahn für 50 Pfennig zum Bahnhof fahren konnten. Nebenan erin-

Der Cranach-Hof 1989/90, Wandfoto Schlossstraße 1

nern Tafeln an den Goldschmied Christian Döring, der mit Lucas Cranach dem Älteren Luthers Septemberbibel editierte, an Thomas Müntzer, den geistlichen Führer der Bauern im Bauernkrieg 1524/1525, und schließlich an den Begründer der Herrnhuter Brüdergemeine, Graf Nikolaus Ludwig von Zinzendorf, der 1716–1719 in Wittenberg studierte.
Wer nicht ganz so weit in die Zeit zurückreisen will, kann im Haus der Geschichte, Schlossstraße 6, den Alltag in Wittenberg zwischen 1920 und 1990 anhand originaler Exponate nacherleben.
Schräg gegenüber erfahren wir, dass Werner von Siemens, der Begründer des großen Elektrokonzerns, in Wittenberg 1840 als Artillerieleutnant in der preußischen Armee diente. Hier machte er in einer Werkstatt und auf den Festungswällen seine ersten chemisch-physikalischen Experimente.
Ein Baudenkmal der Renaissance und des Klassizismus, das Haus „Zur Goldenen Kugel“, mit einem gut erhaltenen Rundbogenportal und einer gepflegten historischen Hofanlage, finden wir in der **Schlossstraße 10.** Es ist das Geburtshaus Wilhelm Eduard Webers. Weber war ab 1831 Professor für Physik an der Universität Göttingen und entwickelte 1833 mit dem Mathematiker Carl Friedrich Gauß den ersten elektromagnetischen Telegraphen der Welt. Damit avancierte er zum Urgroßvater des heutigen Smartphones. Seit 2014 befindet sich das Wittenberg-Zentrum für Globale Ethik im Gebäude.

Weberhaus, Schlossstraße 10

Unseren Weg säumt auf der rechten Seite einer der beiden **Stadtbäche** der Faule beziehungsweise Trajuhnsche Bach. Vor einigen Jahren wurden sie offengelegt, mit Blumen, Grünpflanzen und Geländer verziert und schmücken nun das Stadtbild beidseitig vom Markt bis zum Niederen Schloss. Im 16. Jh. mussten die angrenzenden Hausbesitzer für die sogenannte Räumung derselben 1–2 Gulden p.a. Bachgeld bezahlen. Braute man Bier, zogen Stadtwächter einen Tag davor umher und riefen: „Hiermit wird bekannt gemacht, dass niemand in die Bache macht, denn morgen wird gebraut.“ Verstieß man gegen dieses Gebot, war ein kräftiges Bußgeld fällig. Wir erreichen ein langgestrecktes, schmuckloses Gebäude, das Niedere Schloss oder Vorschloss genannt. Darin befand sich der Sitz der kurfürstlichen Verwaltung. Gedenktafeln erinnern unter anderem an Johann Friedrich von Schönberg, der als kurfürstlicher Oberhofrichter hier arbeitete und 1597 das Schildbürger-Buch schrieb, oder an den Pfarrer Michael Stifel, der, mathematisch hochbegabt, den angeblich bevorstehenden Weltuntergang für den 19. Oktober 1533 vorausgesagt hatte. Da dies nicht eintraf, musste er aus seiner Gemeinde in Lochau fliehen und begab sich nach Wittenberg unter den Schutz Luthers. Später ging Stifel an die Universität in Jena. Als Mathematikprofessor erfand er das Logarithmensystem und wurde einer der bekanntesten deutschen Algebraiker des 16. Jh.s Eine weitere Tafel erinnert an den Erfinder des europäischen Porzellans, Johann Friedrich Böttger. Auf der Flucht vor dem Preußenkönig kam Böttger 1701 nach Wittenberg, um sich als Student unter den Schutz des sächsischen Kurfürsten zu begeben. Doch Böttger wurde festgenommen, saß ein und wurde schließlich nach Dresden und später nach Meißen gebracht. Für August den

„Alte Canzley“

Starken erfand er dort das sogenannte „Weiße Gold“ – das Porzellan. Die vielen chemischen Experimente und der Alkohol setzten Böttger jedoch so zu, dass er schon im Alter von 37 Jahren starb.
Gegenüber dem Niederen Schloss befand sich früher die Amtsmühle, gespeist von den beiden Stadtbächen, später die Knopfsche Dampfmühle. Sie wurde 1958 abgebrochen und durch einen Ausstellungspavillon für die chemischen Stickstoffwerke ersetzt. Der Pavillon steht heute als erhaltenswertes Beispiel der DDR-Architektur unter Denkmalschutz und beherbergt seit 1976 ein Eiscafé.
Am Nordrand des Schlossplatzes liegt das Hotel **„Alte Canzley“**. Das Gebäude, die ehemalige Propstei, wurde im 15. Jh. durch die Domherren des Allerheiligenstifts der Schlosskirche genutzt; im 16. und 17. Jh. diente es als Wohnsitz für Professoren der Wittenberger Universität. Im 18. Jh. war es Gästehaus der kurfürstlichen Regierung. Carl XII., König von Schweden, und Peter I., der russische Zar, haben hier übernachtet. Vom Beginn des 19. Jh. bis 1904 bildete man in dem Haus Hebammen aus. In der idyllischen Hofanlage mit Wendelstein, Renaissancefassade und Brunnen wird Geschichte anschaulich erfahrbar. Nebenan schauen wir auf ein historisches Gebäude aus der Preußenzeit, das umgebaut und modernisiert wurde. Seit 1990 beherbergt es die Wittenberg-Information, wo Touristen fast alles, was ihr Herz begehrt, kaufen können. Von dort startet auch die **Altstadtbahn.**
Die **Schlosskirche** mit neogotischer Turmhaube und das ehemalige Schloss prägen das Stadtbild. Hier begann Anfang des 16. Jh. der Eintritt Wittenbergs in die Weltgeschichte.

Offene Bäche

Drei Jahre nach seinem Herrschaftsantritt ließ Kurfürst Friedrich der Weise 1489 das alte Askanierschloss abbrechen und eine neue kurfürstliche Residenz bauen. Das **Schloss**, im Wesentlichen zwischen 1490 und 1509 errichtet, umfasste drei Flügel, wobei der Nordflügel als Schlosskirche diente. Die Baumeister Klaus Roder, Hans Meltwitz und Konrad Pflüger verwendeten sowohl Elemente der Spätgotik wie Vorhangbögen und Zellengewölbe als auch **Wendelsteine** (Abb. Seite 36) und Ziergiebel im Renaissancestil. Zwei massive Rund-

EIN FESTE BURG IST

türme prägten die Anlage. Das Schloss wurde zu Wohn- und Repräsentationszwecken genutzt und war dementsprechend mit Holzschnitzereien und Gemälden reich ausgestattet. Als Ergebnis des Schmalkaldischen Krieges verlor Kurfürst Johann Friedrich I. von Sachsen, genannt Friedrich der Großmütige, 1547 die Kurwürde, die an die Albertinische Linie der Wettiner ging. Kurfürst August bewohnte das Schloss noch, bevor es im Dreißigjährigen Krieg (1618–1648) immer mehr verwaiste. Bei der Beschießung im Siebenjährigen Krieg wurden 1760 große Teile des Schlosses zerstört. Nach erneutem Beschuss während der Befreiungskriege (1812/1813) und der Übernahme Wittenbergs durch Preußen begann 1819 der Umbau zur preußischen Zitadelle und Kaserne. Seit 1918 wurde das Schloss bewohnt, war später unter anderem Sitz des Stadtmuseums, des Stadtarchivs und der Jugendherberge. 2013–2016 ist das Schloss gründlich saniert und zum Sitz des Evangelischen Predigerseminars umgebaut worden. Im westlichen Hauptflügel befinden sich unter anderem eine Forschungsbibliothek und der neue Besucherzugang zur Schlosskirche. Im Südflügel, in der „Stiftung Christliche Kunst", wirken hochkarätige Werke international bekannter Künstler wie P. Picasso, M. Chagall, O. Kokoschka mit religiös-existenzialistischem Inhalt, intensiv auf den Besucher.

Einen Hauch Weltgeschichte spüren wir, wenn wir vor der Schlosskirche stehen. 1496–1509 unter dem Baumeister Konrad Pflüger errichtet, war sie zunächst die Kirche der Kurfürsten. 1507 wurde die Schlosskirche auch Universitätskirche. Hier fanden akademische Gottesdienste, Promotionen und Antrittsreden der Professoren statt. Martin Luther promovierte in der Schlosskirche 1512 zum

Links: Turm der Schlosskirche *Wittenberger Altstadtbahn*

Wendelstein im Schloss

Doktor der Theologie und bekam danach die Professur für die Bibelauslegung an der Wittenberger Universität. Philipp Melanchthon hielt hier im August 1518 seine bekannte Antrittsrede über notwendige Reformen im Bildungswesen. Das hölzerne Nordportal erfüllte ursprünglich die Funktion des „Schwarzen Bretts". Informationen oder Aufrufe zu Disputationen wurden hier öffentlich gemacht. So geht man davon aus, dass Martin Luther am 31. Oktober 1517 **an diese Tür seine 95 Thesen** als Kritik am gängigen Ablasswesen anschlug.
Dies war die Geburtsstunde für die Reformation der Kirche. Das Datum ist durch einen Brief mit den Thesen an den Erzbischof Albrecht belegt, der Akt des Anschlags ist allerdings umstritten. Der Aufruf zur Disputation, zu Reformen in der Römisch-Katholischen Kirche war so brisant, dass die Thesen, ursprünglich in Latein abgefasst, schnell ins Deutsche übersetzt, gedruckt und deutschlandweit verbreitet wurden, so „als wären die Engel selbst die Botenläufer gewesen".
Kurfürst Friedrich der Weise besaß eine der bedeutendsten Reliquiensammlungen zu Beginn des 16. Jh. Im „Wittenberger Heiltumsbuch", 1509 gedruckt und mit Holzschnitten von Lucas Cranach dem Älteren versehen, wurden 5005 Reliquien angegeben – später wuchs ihre Zahl auf 19 000. Ihre Ausstellung erfolgte an kirchlichen Feiertagen, unter anderem zu „Allerheiligen" (1. November). Zu diesen Reliquien gehörten Stroh aus der Krippe von Bethlehem, ein Glas mit der Milch der Jungfrau Maria sowie Knochen und Zähne von Heiligen in prächtigen Reliquiaren. Für die gläubige Verehrung erhielten die Besucher Ablass. Kurfürst

E SACRORUM SEDES
NDATORUM BELLI
TA FLAMMIS III.
CTOBR.CIƆIƆCCLX
MO NOS MOERO
FFECIT.
ANNI X. FINE PROS
PERE PERACTO NUN
PULCHRIOR SURREXI
SOLI DEO CONSECR
TA VIII. EID. AU
CIƆIƆCCLXX
RIDERICVS GVILELMVS IV REX PORTAM
QVA MARTINVS LVTHERVS A DOM MDXVII
M OCTOBR D XXXI INDVLGENTIIS ROMANIS
IMPVGNANDIS THESES AFFIXIT
REFORMATIONIS SACRORVM PRAENVNTIAS
INCENDIO VASTATAM REFECIT SIGNIS EXORNAVIT
VALVAS EX AERE FIERI ATQVE ILLAS THESES
INSCRIBI IVSSIT A DOM MDCCCLVII

Johann der Beständige ließ später aus Geldnot die goldenen und silbernen Reliquiare einschmelzen beziehungsweise die Reliquien verkaufen.
1760, während des Siebenjährigen Krieges (1756–1763), wurde die Schlosskirche bis auf die Umfassungsmauern zerstört, die Inneneinrichtung und die berühmte hölzerne Thesentür verbrannten. 1766–1770 wurde die Kirche schlicht wiederhergestellt, bevor sie 1813 in den Befreiungskriegen erneut unter starken Beschuss geriet. Nach dem Wiener Kongress (1814/1815) bestimmten die preußischen Könige das Schicksal Wittenbergs und damit auch der Schlosskirche. Unter Friedrich Wilhelm IV. wurde 1858 eine neue **Tür mit den 95 Thesen in Latein** eingeweiht. Sie wurde von dem Berliner Bildhauer Ludwig Friebel gegossen und wiegt 22 Zentner. Die Bronzefiguren der Musikanten sowie die Sandsteinfiguren der beiden Kurfürsten darüber entwarf Friedrich Drake. Das Gemälde im Tympanon schuf der Berliner Maler Carl Friedrich August von Kloeber. 1883–1892 erfolgte der Umbau der Schlosskirche im neogotischen Stil unter dem preußischen Baumeister Friedrich Adler. Am 31. Oktober 1892 wurde sie durch den deutschen Kaiser Wilhelm II. als Reformations-Gedächtniskirche eingeweiht.

Besucherzugang der Schlosskirche

Der 88 Meter hohe Kirchturm mit dem Beginn des berühmten Lutherchorals, „Ein feste Burg ist unser Gott…“, prägt das Stadtbild Wittenbergs. Die Turmhaube, reich verziert, soll die Kaiserkrone Wilhelm II. beziehungsweise die preußische Pickelhaube symbolisieren. Die Spitze bildet ein vier Meter hohes Kreuz. Wenn Sie die 289 Stufen des Turmes mit etwas Kondition hinter sich gebracht haben, wird Ihre Mühe in etwa 60 m Höhe durch einen fantastischen Rundblick auf die Lutherstadt und ihre herrliche Umgebung belohnt.
2013–2016 erfolgten umfangreiche Sanierungs- und Restaurierungsarbeiten, bevor am 2. Oktober 2016 die feierliche Wiedereröffnung der Schlosskirche stattfand, im Beisein von Bundespräsident Joachim Gauck und der dänischen Königin Margarethe II.
Um die Schlosskirche zu besichtigen, passiert man im Schlosshof einen Besucherempfang und betritt durch eine von Marco Flierl 2016 geschaffene **Bronzetür** das Gotteshaus. Eine Art **Gedächtniskapelle** erinnert an die askanischen Herzöge und ersten Kurfürsten mit ihren Familien, die in Wittenberg bis 1422 residierten. Auf einem Steinsockel mit Bronzeplatte sind die Namen derer zu lesen, die in einer Gruft hier 1883 beigesetzt wurden. Zwei Sandsteinplatten an der Wand zeigen den Kurfürsten Rudolf II. und seine Frau Eli-

Gedächtniskapelle der Askanier in der Schlosskirche

sabeth sowie deren Tochter Elisabeth. Ihre Grablege befindet sich allerdings in der ehemaligen Franziskanerkirche am Arsenalplatz. Das Steinrelief mit neun heiligen Frauen stammt aus dem 14. Jh. Im Kirchenschiff, das durch Vorhangmalerei im Sockel und bemaltes Netzgewölbe im Deckenbereich prächtig wirkt, treffen wir auf neun Statuen deutschsprachiger Reformatoren wie Johannes Bugenhagen oder Philipp Melanchthon. An der Empore verkünden 22 Bronzemedaillons die Namen von Protagonisten der Reformation, zum Beispiel Albrecht Dürer und Hans Sachs. 52 Adelswappen darüber nennen die Namen von Königen, Fürsten und Rittern, ohne deren Unterstützung die Reformation nicht zustandegekommen wäre; zu ihnen gehören Gustav Adolf II., König von Schweden, und Christian II., König von Dänemark.

Im Mittelpunkt des Chorraumes stehen wir vor dem neogotischen **Altar**, um 1890 aus französischem Kalkstein geschaffen, der in der Mitte Jesus, links Petrus mit dem Schlüssel und rechts Paulus mit dem Schwert zeigt. Das hölzerne Kruzifix wurde von einem Tiroler Meister zur selben Zeit geschnitzt. Aus dem 16. Jh. stammen die beiden knienden Ritter (Marmor), die, wie die Bronzeepitaphe beidseitig vom Altar, die Kurfürsten Friedrich den Weisen (Peter Vischer, Nürnberg 1527) und Johann den Beständigen (Hans Vischer, Nürnberg 1534) darstellen. Zwei Bronzegrabplatten aus der Vischerwerkstatt bedecken die Gruft der Kurfürsten. Die Chorfenster wurden in Anlehnung an Holzschnitte von Albrecht Dürer in Berlin 1891 gestaltet und zeigen Geburt, Kreuzigung und Auferstehung Jesu in leuchtenden Farben. Das beidseitige Fürstengestühl und der Kaiserstuhl wurden für die bei der Einweihung der Schlosskirche 1892 anwesenden evangelischen Fürsten beziehungsweise den deutschen Kaiser von Wilhelm Lober in Wittenberg geschnitzt. Die Kanzel mit den Wappen der wichtigsten Lutherstädte Eisleben, Erfurt, Wittenberg und Worms ist ebenfalls sein Werk. Das gusseiserne Taufbecken stammt aus dem Jahre 1832; es wurde in Berlin gegossen, vermutlich nach einem Entwurf von Karl Friedrich Schinkel.

Da die Universitätskirche auch als **Grabstätte** der Professoren diente, wurden Martin Luther und Philipp Melanchthon hier beigesetzt. Sie erhielten um 1560 eine Tumba mit Bronzeplatte. Martin Luther bekam zusätzlich ein Bronzeepitaph, 1892 vom Kloster Loccum bei Hannover gestiftet. Das Original von 1548 befindet sich in der Michaeliskirche in Jena. Beide Professoren sind an der südlichen Kirchenwand als Tafelgemälde (Kopien, Cranachwerkstatt, Mitte 18. Jh.) zu sehen. Daneben erinnert ein Porträt an Johann Hinrich Wichern, der 1848 auf dem Kirchentag in der Wittenberger Schlosskirche zur „inneren Mission“ der Kirche aufrief. Gegenüber, rechts und links vom Wendelstein mit der Lutherrose, begegnen uns als Glasbildnisse europäische Reformatoren. Über den Emporen, in den Fenstern, sind 180 Wappen von Städten zu sehen, die sich schon früh der Reformation anschlossen. Die Schlosskirche verfügt über eine Ladegast-Orgel aus dem 19.Jh., die mehrfach erweitert und restauriert wurde, sowie eine kleinere Chororgel hinter dem Fürstengestühl. Verlassen wir nun das vierte Weltkulturerbe Wittenbergs, wenden wir uns weiteren Schätzen in der Kleinstadt mit welthistorischer Bedeutung zu.

Schlosskirche, Altar

2. Anschauen sollte man sich auch ...

Klosterkirche

Arsenalplatz

Nachdem die russische Armee 1992 das Gelände des heutigen Arsenalplatzes verlassen hatte, wurde es entkernt und für den Aufbau eines neuen Stadtzentrums freigegeben. Auf dem Grundstück des ehemaligen Franziskanerklosters entstand an der Nordseite ein zentraler Besucherempfang mit Stadthaus für Tagungen, Konzerte, Empfänge und eine Stadtinformation. Durch diese erfolgt der Zugang zur Historischen Stadtinformation.

Hier wird die historische **Franziskanerklosterkirche** erlebbar. Neben Bauelementen aus dem 13. Jh. verdeutlicht eine moderne Lichtinstallation die Geschichte und Bedeutung der askanischen Fürsten, die ab 1273 in der Kirche beigesetzt wurden. Das Zentrum bildet die **Grablege** für den Kurfürsten Rudolf II., seine Frau Elisabeth und die Tochter Elisabeth (2015 neu geweiht). Bei bauvorbereitenden Ausgrabungen entdeckte man 2009 die Gruft des Kurfürsten, vollständig mit Schwert und Siegel, was einer Sensation gleichkam.

An der Südwestecke vom Arsenalplatz, im ehemaligen Zeughaus, finden wir das Stadtmuseum. Ein **Stadtmodell Wittenbergs** von 1873 weckt das besondere Interesse der Besucher. Neben dem großen Richtschwert, einer Walrippe aus der Sammlung Friedrich des Weisen und einem Postmeilenstein sind weitere „Kronjuwelen“ aus der Stadtgeschichte zu sehen. 2017 wird das Museum erweitert durch die natur- und völkerkundliche Sammlung von Julius Riemer aus dem ehemaligen Schloss.

Luthergarten

Südlich des Schlosses, in den Wallanlagen, liegt der Luthergarten, Symbol für die Bedeutung der Reformation, aber auch für den Willen zur Einheit aller Christen. Bis 2017 sind 500 Bäume, für die Kirchen aus aller Welt und aller Kon-

fessionen die Patenschaft übernommen haben, hier und am Neuen Rathaus gepflanzt worden. Baumschilder dokumentieren die jeweilige Patenkirche. Im Zentrum des Luthergartens befindet sich ein **Himmelskreuz**, das 2016 durch Bundespräsident Joachim Gauck geweiht wurde.

Asisi-Panorama

Im Oktober 2016 wurde das **360°-Panorama „Luther 1517"**, geschaffen von dem bekannten Architekten und Maler Yadegar Asisi, in Wittenberg eröffnet. Das Alltagsleben der Menschen wird hier anschaulich dargestellt, und der Besucher unternimmt gleichsam eine Zeitreise ins frühe 16. Jh. Schlüsselereignisse dieser Zeit, wie die Erfindung des Buchdrucks, geografische Entdeckungen, aber auch Hexenverbrennungen und Ablassverkauf, zeigen die spannungsgeladene Epoche des Übergangs vom Mittelalter zur Neuzeit bei Tag und Nacht. Lichteffekte, Alltagsgeräusche, Musik und der legendäre Hammerschlag vom 31. Oktober 1517 lassen den Besucher glauben, mittendrin zu sein.

Hundertwasser-Gymnasium

Nach Entwürfen des österreichischen Künstlers Friedensreich Hundertwasser (1928–2000) wurde eine ehemalige DDR-Plattenbauschule aus den siebziger Jahren 1995–1999 zum **Hundertwasser-Gymnasium** umgebaut. Im heutigen Luther-Melanchthon-Gymnasium lernen mehr als 1000 Schüler, die ihre „bunte Schule" lieben. Das gesamte Dach ist begrünt und mit bunten Kup-

Luthergarten mit Himmelskreuz

Hundertwasser-Gymnasium

peln, die zum Himmel streben, gekrönt. Farbige Einfassungen und verschiedene Formen der Fenster, aus denen zum Teil Bäume wachsen, schmücken die Fassaden. Bunte Keramiksäulen, bewegte Hofflächen und ein Hundertwasserbrunnen laden zum Bestaunen und Erholen ein. Wer die Schule auch von innen sehen möchte, der sollte sich für eine Führung anmelden.

Piesteritzer Werkssiedlung

Werkssiedlung Piesteritz

1918–1925 entstanden nach einem Entwurf des Schweizer Architekten Otto Rudolf Salvisberg (1882–1940) 359 Reihenhäuser mit Gärten auf einer Fläche von zwölf Hektar für die Arbeiter und Angestellten des 1916 gegründeten Stickstoffwerkes Piesteritz . Hinzu kam ein Marktplatz mit Apotheke, Frisör, einem Rathaus, einer Schule und einer katholischen Kirche. Im ehemaligen Rathaus befindet sich seit 1946 das Lucas-Cranach-Gymnasium. Die **Werkssiedlung** wurde 1984 unter Denkmalschutz gestellt und als EXPO-Projekt 2000 vollständig saniert.

HEIDRUN RÖßING

Partnerstädte Wittenbergs

Göttingen (1988), Bretten (1990), Springfield/Ohio, USA (1995), Bekescsaba, Ungarn (1999), Haderslev, Dänemark (2004)
Weitere Partnerstädte seit 2019: Beveren (Belgien), Mediasch (Rumänien), Mogiljow (Belarus)

Die Autorin

Heidrun Rößing, unter anderem Stadtführerin und Dozentin in der Stadtführerausbildung der Lutherstadt Wittenberg.

3. Stadtgeschichte – kurz und knapp

1186 erste urkundliche Erwähnung als Burgward „Witteburg“
1293 Verleihung des Stadtrechts durch den askanischen Herzog Albrecht II.
1356 durch „Goldene Bulle“ Karls IV. wird aus dem Herzogtum das Kurfürstentum Sachsen-Wittenberg
1422 Aussterben des askanischen Adelsgeschlechts (Wittenberger Linie), Wettiner werden Landesherren
1486 Friedrich III., der Weise, aus der Ernestinischen Linie, baut Wittenberg zur kurfürstlichen Residenz aus
1502 Gründung der Universität, der Leucorea
1505 Lucas Cranach der Ältere wird Hofmaler Friedrichs des Weisen
1508 Martin Luther kommt als Augustinermönch nach Wittenberg
1517 Thesenanschlag Luthers, Beginn der Reformation
1518 Philipp Melanchthon wird Professor für Griechisch an der Leucorea
1525 Luther heiratet Katharina von Bora, seit 1993 Anlass zum mittelalterlichen Stadtfest
1525 erste deutsche Messe durch Martin Luther in der Stadtkirche St. Marien
1546 / 1547 im Schmalkaldischen Krieg Verlust der Kurwürde durch Johann Friedrich den Großmütigen, Moritz von Sachsen aus der Albertiner Linie wird neuer Landesherr
1760 schwere Zerstörungen von Schloss, Schlosskirche und Thesentür und Renaissancewohnhäusern im Siebenjährigen Krieg
1806 Napoleon in Wittenberg, Ausbau Wittenbergs zur französischen Festungsstadt
1813 / 1814 während der Befreiungskriege Beschuss und Belagerung durch Preußen
1814 / 1815 Wiener Kongress, Wittenberg wird preußisch, Umbau von Schloss und Universität zu Kasernen
1817 Ende der Wittenberger Universitätszeit, Zusammenlegung der Leucorea mit der preußischen Friedrichs-Universität in Halle
1817 Evangelisches Predigerseminar wird als Ausbildungsstätte im Augusteum gegründet
1873 Entfestigung und Industrialisierung der Stadt beginnt
1938 offizielle Ernennung als Lutherstadt Wittenberg, 1945 – 1991 Wittenberg Lutherstadt, ab 1992 wieder Lutherstadt Wittenberg
1993 Abzug der letzten sowjetischen Besatzungstruppen
1996 Aufnahme von Lutherhaus, Melanchthonhaus, Stadtkirche St. Marien und Schlosskirche „Allerheiligen“ in das Weltkulturerbe der UNESCO
2008 – 2017 umfangreiche Restaurierungsarbeiten an den welthistorisch bekannten Bauten und darüber hinaus, in Vorbereitung auf das Reformationsjubiläum

Panorama Asisi - Luther 1517 (Text S. 44)

Kunstverlag Josef Fink
Hauptstraße 102 b · 88161 Lindenberg
Tel. (0 83 81) 8 37 21 · Fax (0 83 81) 8 37 49
Internet www.kunstverlag-fink.de
E-Mail info@kunstverlag-fink.de

3. Auflage 2023
ISBN 978-3-95976-063-8

Fotos: Carlo Böttger, Elsteraue, mit Ausnahme Vordere Umschlagseite unten; S. 45: Constantin Beyer, Weimar, Stadtplan: Tourist-Information Lutherstadt Wittenberg

Bildbearbeitung: Holger Reckziegel, Bad Wörishofen

Die Aufnahmen von Constantin Beyer wurden entnommen aus: Michael Sandau, Hundertwasser-Gymnasium Lutherstadt Wittenberg, Kunstverlag Josef Fink, Lindenberg i. Allgäu, ISBN 978-3-89870-220-1

Gedruckt in der EU

Ein vollständiges Verzeichnis unserer Reihe »Kleine Kunstführer« (inklusive Bestellmöglichkeit) finden Sie auf der Verlagswebsite www.kunstverlag-fink.de (unter »Programm/Kunstführer«)

1. Umschlagseite: Lutherhaus (oben; Text S. 5), Reformationsaltar in der Stadtkirche (Mitte; Text S. 19), Hundertwasserschule (unten; Text S. 44)
2. Umschlagseite: Stadtmodell Wittenbergs von 1873 (Text S. 42)
Klappe außen: Grabstätte von Martin Luther in der Schlosskirche (Text S. 41)
4. Umschlagseite: Thesentür an der Schlosskirche (Text S. 38)